LE DROIT D'INTERVENTION

ET

LA TURQUIE

ÉTUDE HISTORIQUE

PAR

Ed. ENGELHARDT

MINISTRE PLÉNIPOTENTIAIRE

(Extrait de la *Revue de droit international*)

Prix : 2 francs

PARIS

A. COTILLON & Cᵉ, ÉDITEURS,

Libraires du Conseil d'État,

24, RUE SOUFFLOT, 24.

1880

LE DROIT D'INTERVENTION

ET

LA TURQUIE

LE DROIT D'INTERVENTION

ET

LA TURQUIE

—

ÉTUDE HISTORIQUE

PAR

Ed. ENGELHARDT

MINISTRE PLÉNIPOTENTIAIRE

(Extrait de la *Revue de droit international*)

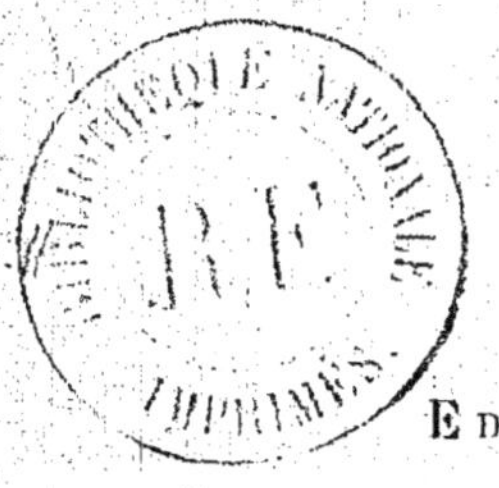

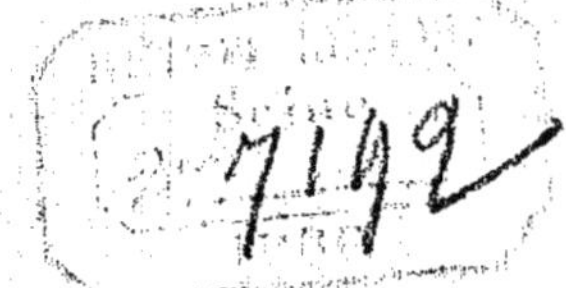

—»>※<<—

PARIS

A. COTILLON & Cⁱᵉ, ÉDITEURS,

Libraires du Conseil d'État,

24, RUE SOUFFLOT, 24.

—

1880

LE DROIT D'INTERVENTION ET LA TURQUIE.

ÉTUDE HISTORIQUE.

Il n'existait point, dans l'antiquité, d'association morale des peuples fondée sur la reconnaissance de certains principes généraux indépendants de traités publics. Les Grecs et les Romains considéraient les étrangers comme ennemis (1), et si parfois des rapports juridiques se substituaient à cet état d'hostilité permanente, c'était en vertu de pactes spéciaux dictés par des intérêts de circonstance (2).

Le Christianisme inaugura une ère nouvelle dans les relations internationales. Sous l'influence de ses préceptes humanitaires, un rapprochement s'opéra entre les différentes sociétés

(1) *Cum aliegenis, cum barbaris æternum omnibus graecis bellum est eritque,* Liv. *Hist.,* XXXI, 29. *Adversus hostem æterna auctoritas esto* (Loi des XII Tables), maxime reproduite dans le Code Justinien, L. 5, § 2, L. 24 Dig. *de Capt.*; L. 118 Dig. *de verb. significatione.*

(2) Les Grecs appelaient ἔνσπονδοι les étrangers avec lesquels des pactes avaient été conclus. Les autres étaient qualifiés de ἔκσπονδοι ou proscrits.

du continent, et l'on vit apparaître et se déve-
lopper dans le milieu chrétien les premiers élé-
ments du droit commun qui régit aujourd'hui
le monde civilisé.

La constitution unitaire de l'Église de Rome
et l'autorité qu'exerça son chef dans la sphère
des intérêts temporels de la catholicité contri-
buèrent puissamment à entretenir et à fortifier
le sentiment de solidarité sociale dont ce droit
rudimentaire était l'expression. Bientôt se dé-
gagea de plus en plus nette et définie la notion
de la souveraineté territoriale et comme conséquence celle de l'égalité politique des États.

Cependant le bénéfice de cette égalité resta
longtemps le privilège des groupes européens
professant la religion chrétienne, restriction
absolue dont on retrouve les dernières traces
dans l'acte presque contemporain qui créa la
Sainte-Alliance (1).

Le congrès de Paris eut l'honneur d'effacer
cette distinction séculaire en appelant la Turquie « à participer aux avantages du droit public
et du concert continental. » L'on verra dans la
suite de cet exposé quelles furent pour l'État

----

1) Traité signé à Paris le 16 septembre 1815

musulman les conséquences politiques de cette adoption.

De nos jours, la communauté européenne elle-même tend à faire place à un système universel comprenant toutes les sociétés humaines, entre lesquelles s'établissent des communications de plus en plus actives et régulières.

Ainsi s'est élargi par des conquêtes continues le domaine du droit international.

Ce progrès toutefois a conduit à des abus qui ont faussé pour un temps l'esprit des règles communes successivement adoptées par les peuples d'Occident. S'exagérant les devoirs qui résultaient pour elles de la solidarité internationale, maintes puissances se sont avisées dans le courant de ce siècle d'imposer à des États autonomes une constitution et même de tracer une ligne de conduite politique à leur gouvernement.

Mais l'expérience a prouvé que ces interventions autoritaires n'avaient rien fondé de durable et que les peuples, momentanément arrêtés ou violentés dans leur développement naturel, avaient repris à la longue la suprême direction de leurs destinées. A la monarchie absolue restaurée par l'Autriche et par la France, en Italie

et en Espagne, a succédé la monarchie constitu-
tionnelle. Les derniers Bourbons n'ont pu se
maintenir en France. Les Napoléons, proscrits par un congrès, sont revenus au pouvoir. La
république mexicaine a remplacé l'empire éphé-
mère de Maximilien Ier.

Aussi, confirmée comme elle l'est par les ré-
centes leçons de l'histoire, acquiert-elle de
jour en jour plus de force et de respect, cette
maxime désormais inscrite dans la conscience
des peuples : qu'un État souverain, si faible
qu'il soit, est indépendant dans l'exercice de
son autorité constituante et dans son administration intérieure, et qu'il n'est pas plus loisible
aux États étrangers de restreindre ou d'entraver
ou de contrôler l'usage qu'il fait de ces attri-
buts essentiels, qu'il n'est permis à un pro-
priétaire contigu de s'immiscer dans les travaux de construction et d'aménagement de son
voisin.

Cependant, et c'est ici que j'aborde directement le préambule de l'étude spéciale à laquelle
ces pages sont consacrées, il est des interventions que les circonstances peuvent justifier et
que le droit international prévoit et légitime.
Ces exceptions, que l'on ne saurait d'ailleurs

exactement circonscrire (1), corroborent, en quelque sorte, la loi d'abstention dont j'ai essayé de donner la formule.

Sans parler des cas où un gouvernement la sollicite en dehors de toute convention antérieure ou accepte l'offre qui lui en est faite (2), l'intervention peut notamment avoir lieu quand s'appuyant sur un traité particulier qui stipule la garantie de certaines institutions fondamentales ou plus spécialement la protection d'un pacte indissoluble de fédération, elle est réclamée par une des parties contractantes.

Ici le concours étranger est basé sur un droit conventionnel au sens restreint du mot, et il se produit plus souvent sous forme de médiation et d'arbitrage que par la force des armes.

Mais l'intervention est aussi légitime, lorsque, sans résulter d'un engagement exprès, elle a pour but d'assurer le respect d'une loi géné-

---

(1) Dépêche-circulaire de lord Castlereagh du 19 janvier 1821.

(2) Eventualité prévue au congrès d'Aix-la-Chapelle en 1818.

L'intervention a été demandée par le Portugal à l'Angleterre en 1825, par le roi des Pays-Bas aux grandes puissances en 1830, par le pape à la France en 1848, par l'Autriche à la Russie en 1849.

rale et absolue établie par le *consensus gentium*, loi dont un congrès est ordinairement l'interprète et l'organe.

Pour l'Europe, du moins, il s'agit alors d'un droit international *nécessaire* que tout État doit observer, lors même qu'il n'a point participé à l'assemblée politique qui en a posé le principe (1).

L'on peut faire rentrer dans cetre hypothèse, à titre d'exemples, l'abolition de la traite et de la course, la liberté des mers, les règles sur le blocus, la renonciation aux droits d'aubaine et de naufrage, etc., etc.

A un point de vue plus large et en dehors des ingérences qu'autorisent d'une part le droit conventionnel proprement dit et d'autre part le droit international basé sur des maximes solennellement reconnues et communément observées, l'intervention peut être admise lorsqu'un État menace la sécurité et les intérêts légitimes des autres (2), quand il entretient par ses actes persistants l'inquiétude générale ou quand il se

----

(1) *Droit international oodifié* par BLUNTSCHLI, Art. 118.

(2) Tel fut notamment le danger qui provoqua les alliances et les guerres dirigées contre la maison d'Autriche et d'Espagne sous Charles-Quint et sous Philippe II.

rend coupable d'une « violation énorme » des droits de l'humanité (1).

Indépendamment des divers cas qui viennent d'être cités, il arrive parfois qu'un Etat renonce librement au profit d'un autre État à certains droits dont la jouissance effective, sans pouvoir être qualifiée d'intervention proprement dite, offre le caractère d'une participation directe plus ou moins active d'une autorité étrangère à l'exercice de quelques-unes des prérogatives souveraines. Ces concessions permanentes issues de traités ou fondées sur un usage immémorial, le Code des nations les dénomme *servitutes juris gentium voluntariæ* et elles comportent la distinction établie par les lois civiles en servitudes affirmatives et servitudes négatives, selon qu'on les envisage comme privilèges exercés ou comme privilèges consentis. Ainsi, par exemple, l'engagement de ne point occuper militairement une certaine zône, l'abandon de la juridiction sur les résidents étrangers, celui de leur protection religieuse, l'attribution à un gouvernement voisin de l'administration de certains

____

(1) Voir *Traité pour la pacification de la Grèce*, du 6 juillet 1826.

services intérieurs, telles que douanes, postes, télégraphes, etc., sont autant de servitudes qui restreignent dans des limites plus ou moins étroites l'indépendance territoriale.

Or, je voudrais établir par un exposé succinct, méthodique et aussi complet que possible, sauf à en déduire plus tard certaines conclusions pratiques, qu'il n'est aucun des genres d'intervention et de servitudes notés dans cette introduction, que la Turquie n'ait provoqués, tolérés ou subis, exception d'autant plus curieuse dans l'histoire des relations internationales que l'empire ottoman n'a jamais été plus atteint dans son autonomie intérieure que depuis l'époque où cette autonomie, solennellement proclamée dans un congrès, a été placée sous la garantie du droit public européen.

I.

Un premier fait s'impose à l'attention, quand on parcourt les annales de l'empire musulman qui occupe depuis plus de cinq siècles l'Europe orientale. La Turquie était à l'apogée de sa puissance et pouvait plutôt dicter la loi aux peuples du continent que la recevoir d'eux, lorsqu'elle a admis dans l'un des domaines les plus importants de son administration intérieure le partage le plus anormal auquel un État souverain puisse se prêter.

Partout, en pays de chrétienté, un résident étranger est justiciable des tribunaux locaux comme l'indigène, principe qui ne souffre d'exception qu'à l'égard des agents diplomatiques couverts par la fiction de l'exterritorialité. En Turquie, l'étranger a ses juges et ses lois, et ce bénéfice lui est si bien acquis qu'en l'absence d'un représentant officiel de sa nationalité, il peut invoquer la protection d'une mission chrétienne quelconque.

J'ai indiqué ailleurs avec quelques détails (1)

______

(1) Voir la *Revue de droit international*, t. XI, nᵒˢ V et VI de 1879.

les causes particulières de cette différence qui n'avait point alors, aux yeux de l'Etat *servant*, l'apparence d'un *ostracisme injuste*, caractère que les Turcs lui attribuent aujourd'hui (1).

Il me suffira, pour répondre sur ce point au but du présent essai, de constater que les capitulations ottomanes, jugées dans leur dispositif et indépendamment des circonstances qui en expliquent l'origine, équivalent à une véritable *minutio majestatis*, du pouvoir qui les a souscrites, car elles légalisent pour ainsi dire l'intervention permanente des gouvernements étrangers et suscitent jusqu'à un certain point dans l'Etat autant d'Etats qu'il y a de nationalités privilégiées.

Je dois d'ailleurs relever ici, pour mettre en plein jour ce premier acte d'abdication volontaire, que la capitulation qui a servi de modèle à toutes les autres, celle délivrée en 1535 par Suleyman à François Ier, contenait des engagements réciproques et avait toute la valeur d'un traité bilatéral. Cette transaction a été renouvelée et développée en 1740 par Mahmoud Ier et *pour ses successeurs*, et des traités ordinaires

---

(1) *La Turquie devant l'Europe*, 1858, par FUAD PACHA.

politiques et **commerciaux en** ont postérieure-
ment confirmé les clauses (1). De telle sorte que
la Turquie reste encore soumise aujourd'hui à la
servitude des juridictions étrangères (2).

---

(1) Traités français de 1802, 1808, 1861.

(2) Récemment une commission composée de drogmans
des diverses Missions accréditées à Constantinople, a formellement conclu au maintien intégral des privilèges judiciaires concédés par les capitulations, et le ministère de la
justice a donné des instructions conformes à ses agents
provinciaux.

II.

La constitution théocratique de l'empire ottoman, l'état d'infériorité sociale et politique
dans lequel cette constitution maintenait les
peuples vaincus, la communauté de religion qui
existait entre ces peuples et les nations civili-
sées du continent, d'autre part l'intérêt qu'at-
tachait l'Europe à la conservation et au libre
usage des saints lieux de Palestine, berceau de
sa foi, ces causes essentielles et cette dernière
comme cause initiale et occasionnelle, devaient
amener la Porte à des compromis successifs analogues à ceux qui assuraient aux étrangers ré-
sidant sur son territoire la protection de leurs
lois nationales.

Il devait même arriver qu'à la longue les engagements divers imposés au Divan par la sollicitude religieuse du monde chrétien, compro-
mettraient son indépendance d'une manière plus
sérieuse que les concessions judiciaires édictées
par les capitulations.

Ce point mérite une considération particulière, car en s'y arrêtant, l'on aperçoit l'une des

faces les plus importantes du problème d'Orient, comme difficulté internationale, c'est-à-dire que l'on découvre l'un des grands côtés par lesquels les puissances européennes sont intervenues dans les affaires ottomanes.

L'histoire démontre en effet que la question orientale, envisagée comme complication européenne, a surgi sur la scène politique sous le manteau de la religion, qu'elle se lie intimement comme telle à la question religieuse intérieure, qu'il existe entre l'une et l'autre une ancienne et étroite connexité.

L'on connaît l'origine des rivalités étrangères qui depuis près de deux siècles font de la Turquie un champ clos où les diverses influences nationales sont en conflit permanent. Elles sont nées de la division des églises chrétiennes et de la prétention de chacune d'elles aux droits de communauté orthodoxe. Les gouvernements ont pris part aux querelles de ces églises et des contestations qui dans le principe, n'avaient d'autre objet que la possession des lieux saints, prirent peu à peu le caractère de luttes politiques auxquelles l'intérêt religieux servit souvent de prétexte. Le *protectorat* dont telle puissance couvrait ses moines sédentaires et ses pélerins, fut dans la suite des temps mis au service de sa diplomatie et s'étendit même d'une manière plus ou moins ostensible aux sujets chrétiens du Sultan.

La France est le premier État qui ait exercé en Turquie un protectorat religieux effectif *légitime* et reconnu. Consacré d'abord par l'usage et par la qualification de *Francs* donnée, même avant les croisades (1) aux moines préposés à la garde des sanctuaires chrétiens, ce privilège fut sanctionné après la conquête de la Syrie, de la Palestine et de l'Egypte, par plusieurs firmans et capitulations qui ont plus tard servi de base aux rapports des Etats européens avec l'Empire ottoman.

En 1620 notamment, Osman II délivra à l'ambassadeur du roi Louis XIII, M. de Harlai Sancy, un firman (2) qui déclarait les religieux francs anciens possesseurs exclusifs des saints lieux, « non seulement parce que la « justice l'exigeait, mais encore à cause de « l'alliance qui unissait depuis longtemps

---

(1) Ordre du sultan Mouzaffer de l'an 414 de l'Hégire (1023 de J. C.).

(2) Firman donné au palais de Daoud Pacha au mois de Djemadi-el-Akhez, 1030.

« les souverains de Turquie et de France. »

Cinquante ans plus tard, en 1673, une capitulation négociée par le marquis de Nointel, ambassadeur de Louis XIV, fut plus formelle; elle énonça explicitement le droit de protection de la France sur les lieux saints en l'étendant aux évêques dépendant du royaume et aux autres religieux « qui professent la religion franc-« que, de quelque nation ou espèce qu'ils soient. »

En 1740, le patronage français fut élargi et rendu de plus en plus exclusif par une capitulation générale qui autorisa notamment « les « sujets des nations ennemies à aller et venir « librement, à trafiquer et à visiter les lieux « saints, pourvu que ce fut sous la bannière de « l'Empereur de France. »

Cette sorte de primauté, conquise par la diplomatie et maintenue par les flottes des rois très chrétiens, fut longtemps acceptée par les cabinets européens et considérée par eux comme un bienfait. Cependant les intérêts catholiques qu'elle tendait à sauvegarder ne prévalurent pas toujours dans les conseils des sultans, et plus d'une décision fut prise qui légitimait les empiétements des communautés dissidentes (1).

---

(1) Les différentes confessions chrétiennes d'Orient sont :

Je n'ai point à entrer ici dans la discussion des titres par lesquels l'église grecque en particulier s'est efforcée et est parvenue dans une certaine mesure à justifier aux yeux de la Porte ses prétentions sur les lieux saints (1). Les compétitions, dont les monuments sacrés situés à Jérusalem et en dehors de son enceinte ont été incessamment l'objet, n'acquièrent réellement d'importance, au point de vue spécial de cette étude, qu'à partir du moment où la Russie s'y est mêlée et a pris en main la cause de ces coreligionnaires d'Orient.

Ce n'est qu'au commencement du XVIIIe siècle, après la paix de Passarovitz, que l'empire du Nord entre en lice sur le domaine du protectorat religieux. Ses exigences sont d'abord modestes ; il se contente d'obtenir de la Porte, par le traité de Constantinople du 5 novembre 1720, que ses sujets puissent trafiquer librement, faire

---

les Catholiques, les Grecs unis, les Maronites (Église latine), les Grecs, les Gréco-Slaves, les Russes (Église grecque), les Arméniens, les Koptes, les Abyssiniens, les Syriens et Jacobites (Monophysites), les Protestants (Anglais, Allemands, Américains).

(1) Firman d'Omer Ben Khatab déclaré apocryphe par le Divan en 1630.

Firman de Hourad IV révoqué par un firman postérieur, puis confirmé, etc., etc.

des pélerinages à Jérusalem, et que les ecclésiastiques russes ne soient pas molestés.

A cette époque, Pierre le Grand constitua définitivement l'église autocéphale russe, dont il
se proclama le chef suprême, inaugurant ainsi
le rôle de représentant de la religion grecque
orientale, rôle que soutinrent ses descendants
avec plus ou moins de persévérance, d'autorité
et de succès.

Le traité de Belgrade, du 18 septembre 1739,
confirma simplement les immunités concédées
par le traité de Constantinople aux marchands
et aux prêtres moscovites. Mais, en 1774, dans
les négociations de Kutchuk-Kainardji, la Turquie prit vis-à-vis de la Russie un engagement
d'une portée plus générale, que le cabinet de
Saint-Pétersbourg invoqua plus tard pour justifier le protectorat dont il entendait couvrir les
raïas de la religion dite orthodoxe.

L'article 7 du traité de Kutchuk-Kainardji
était ainsi conçu :

« La Sublime-Porte promet de protéger cons-
« tamment la religion chrétienne et ses églises,
« et aussi elle permet aux ministres de la cour
« impériale de Russie de faire dans toutes les
« occasions des représentations, tant en faveur de

« la nouvelle église de Constantinople, dont il
« sera fait mention à l'article 14, que pour ceux
« qui la desservent, promettant de les prendre
« en considération comme faites par une per-
« sonne de confiance d'une puissance voisine ·
« et sincèrement amie. »

En 1853, la Russie prétendit que cette clause
autorisait son intervention non-seulement en
faveur de ses propres sujets, mais encore au
profit des sujets ottomans du rite grec, et l'on
se rappelle que l'ultimatum du prince Mentchikof, dont le rejet suscita la guerre de Crimée,
se basait sur cette interprétation. C'était, ainsi
que le faisait remarquer Ali Pacha dans son memorandum de 1855, « exiger de la Porte un véri-
« table démembrement moral, qui aurait com-
« promis plus fatalement sa domination que la
« perte des territoires les plus importants (1). »

L'Autriche, de son côté, s'est trouvée associée,
vers la fin du XVIIIᵉ siècle, à l'antique mission
religieuse dévolue à la France. Son premier
titre historique à cette coopération régulière
remonte au traité de Carlowitz, du 26 janvier

---

(1) Lord J. Russell écrivait à sir H. Bulwer, le 25 août
1860 : « En fait, depuis le traité de Kutchuk-Kaïnardji, les
chrétiens orthodoxes ont été aussi bien les sujets du czar
que ceux du sultan. »

1699, qui stipulait en son article 13 : « A
« l'égard des religieux et de l'exercice de la re-
« ligion catholique romaine, le Grand Seigneur
« promet de renouveler et confirmer tous les
« privilèges qui leur ont été accordés par ses
« prédécesseurs. De plus, il sera permis aux
« ambassadeurs de l'empereur de faire leurs
« plaintes et demandes à la Porte, au sujet de
« la religion et de la visitation des lieux saints
« de Jérusalem. »

Ces promesses ont été reproduites en 1718
dans le traité de paix de Passarowitz et en 1739
dans le traité de Belgrade. C'est sous les auspices de ces trois transactions et en conséquence
de ses relations de voisinage que l'Autriche
protège particulièrement depuis près de deux
siècles les communautés catholiques de Bosnie,
celles de Bulgarie et des principautés danu-
biennes.

Les États protestants, tels que l'Angleterre
et la Prusse, n'ont eu longtemps qu'une part
très réduite aux rivalités religieuses de l'Orient.
Un évêque anglican, délégué par ces deux puissances, a été installé à Jérusalem vers 1840
dans le but de convertir les juifs au protestantisme. Un firman du 10 septembre 1845 autorisa

la construction d'un temple à Jérusalem et bientôt une nouvelle communauté se constitua à laquelle furent reconnus les mêmes droits et privilèges qu'aux autres associations chrétiennes (1).

Plus tard, des corporations évangéliques anglaises et américaines se livrèrent à une active propagande en Asie Mineure et en Syrie, gagnant particulièrement des prosélytes parmi les Arméniens grégoriens plus accessibles que les musulmans et les grecs orthodoxes aux prédications et aux libéralités des missionnaires. Leur zèle devint tellement entreprenant qu'il y a quelques mois, le Divan crut devoir insister auprès du cabinet de St-James sur la nécessité de mettre fin à une ingérence organisée qui surexcitait le fanatisme des musulmans contre les chrétiens.

L'on compte aujourd'hui dans l'Asie Mineure seule, environ 24,000 protestants dont la plupart sont sujets de la Porte, mais que leur conversion *a, pour ainsi dire, soustrait de fait à l'action des fonctionnaires indigènes* (2).

---

(1) Dépêche de lord Clarendon à lord Strattford, du 22 octobre 1857.

(2) Suivant les instructions adressées à l'ambassadeur bri-

Ainsi s'est successivement complété le réseau des influences extérieures qui, dans la sphère des intérêts chrétiens proprement dits, enlace et retient le pouvoir des sultans.

---

tannique à Constantinople, les convertis au protestantisme doivent être efficacement protégés contre toute exaction et injustice de la part des autorités locales; ils doivent même pouvoir, comme tout chrétien, se racheter du service militaire. La Porte toutefois s'est défendue contre cette dernière exigence en ce qui concerne les renégats mahométans. (Dépêche de lord Clarendon à lord Strattford du 22 octobre 1857; dépêches de lord Derby du 20 mars et du 21 décembre 1874).

III.

Cependant jusque vers le milieu de ce siècle, l'intervention étrangère dans les questions de culte, ne reposait que sur des concessions particulières d'importance diverse et qui, d'ailleurs, jugées dans leur esprit, ne visaient point, en général, les communautés chrétiennes indigènes ; elle s'était, en conséquence, réduite à des actes individuels qui, par le fait de leur isolement, trouvaient le Divan moins désarmé.

A partir de l'époque où la Turquie eut accès dans les conseils de la communauté continentale, c'est-à- dire après la guerre de Crimée, ce furent les grandes puissances européennes qui, reprenant en quelque sorte pour leur compte l'ultimatum russe de 1853, exigèrent d'elle la garantie des droits dont elle avait fait séparément et successivement l'abandon et ces droits furent sensiblement étendus.

Au mois de janvier 1856, l'ambassadeur d'Angleterre à Constantinople remit au gouvernement turc un memorandum dont le préambule portait : « la question des privilèges accordés *ab antiquo* aux communautés chrétiennes, est tellement liée avec celle des réformes administratives que toutes deux semblent devoir se ranger dans le même cadre. Les rapprocher, de manière à faire disparaître les différences qui séparent les musulmans des raïas, serait un pas de géant dans la voie de la régénération de l'empire. »

Ces observations autorisées peuvent être considérées comme les rudiments des paragraphes 2 à 6 du Hatti-Humayoun du 18 février suivant (1) par lesquels la Porte s'est engagée vis-à-vis de l'Europe à maintenir non-seulement les immunités anciennes des différentes confessions étrangères, mais encore celles dont elle avait spontanément doté, dès les premiers temps de la conquête, les communautés de ses propres sujets chrétiens. Elle s'obligeait, en outre, à sauvegarder la liberté du culte des unes et des autres.

Dans l'espèce, les déclarations du Hatti-Humayoun avaient pour le gouvernement turc la portée d'une double aggravation de ses désistements antérieurs, car d'une part elles s'a-

---

(1) Dépêche de lord Clarendon à lord Strattford du 4 février 1856.

dressaient non à telle puissance, mais au *consortium* des puissances, et d'autre part elles agrandissaient singulièrement le champ d'action livré à l'ingérence de la chrétienté.

Un protectorat légal et collectif tendait ainsi à se substituer au protectorat dont la Russie s'était induement attribué le privilège sur ses coreligionnaires d'Orient, quelle que fût leur nationalité. Et de fait, depuis cette importante négociation de 1856 et par suite de la solidarité convenue entre les parties contractantes (1), l'on voit les gouvernements agir le plus souvent en commun dans la défense de la cause chrétienne et témoigner aux raïas une sollicitude de moins en moins réservée. A certains égards même les distinctions de secte disparaissent et tel État protestant se fait indifféremment l'avocat des Grecs catholiques de Syrie, des Nestoriens de Mossoul, des Orthodoxes, des Mirdites et des Juifs (2).

C'est comme mandataire de l'Europe que Napoléon III pacifie le Liban en 1860 (3).

---

(1) Art. 8 du traité de Paris de 1856.

(2) Dépêches à l'ambassade britannique des 7 août, 26 décembre 1856, 2 septembre 1857, 11 mai 1858, 25 octobre 1860, 9 décembre 1873, etc., etc.

(3) Dépêche de M. Thouvenel du 17 juillet 1860.

C'est au nom des trois empires du Nord et avec l'adhésion des autres puissances qu'en 1875 l'Autriche-Hongrie par l'organe de son chancelier, réclame comme première réforme à appliquer dans les provinces insurgées de Bosnie et d'Herzégovine « la liberté religieuse pleine et entière, » insistant pour que la Porte notifie officiellement aux grands cabinets son adhésion à une mesure « jugée indispensable (1). » Ce point essentiel de la célèbre note du comte Andrassy se transforme en stipulations internationales auxquelles s'associent plus tard tous les gouvernements représentés aux conférences de Constantinople et de Londres (1876-1877).

Il fut donné au congrès de Berlin de porter le coup le plus sensible à l'autonomie de la Porte en matière d'administration religieuse. Par l'article 62 du traité du 13 juillet 1878, le gouvernement turc ne reconnut pas seulement aux agents diplomatiques et consulaires étrangers un droit de protection officielle sur les ecclésiastiques, pélerins et moines de leur nationalité et sur leurs établissements ; il s'engagea *d'une manière générale* à maintenir le prin-

---

(1) Note du comte Andrassy du 30 décembre 1875.

cipe de la liberté religieuse, s'exposant de la sorte à un contrôle auquel sa propre constitution mahométane pouvait ne point échapper.

La gradation est visible: l'intervention extérieure est tout d'abord limitée aux lieux saints et à leurs desservants et visiteurs étrangers, elle s'étend successivement aux autres religieux étrangers, soit de la religion *franque* ou catholique, soit de la religion grecque. Ce sont ensuite les chrétiens ottomans dont le patronage injustement disputé par la Russie (1), est dévolu aux grandes puissances ; enfin la religion musulmane elle-même est menacée dans son antique et jalouse indépendance.

Il y avait eu déjà atteinte à l'autonomie de l'Islam envisagé au seul point de vue religieux, lors de la discussion du quatrième paragraphe des préliminaires de paix en 1856. Les quatre puissances délibérantes, l'Angleterre surtout, avaient montré tout le prix qu'elles attachaient à la suppression de la loi mahométane qui pu-

---

(1) Suivant une interprétation fondée sur des faits contemporains, la clause du traité de Kutchuk-Kainardji par laquelle la Porte promettait de protéger la religion chrétienne, ne s'appliquait qu'aux provinces chrétiennes du Danube et de l'Archipel que la Russie avait occupées et qu'elle restituait au Sultan.

nissait de mort l'apostasie et le blasphème public, en représentant que la Turquie devant faire
partie du concert européen, « il était impossible
« d'acquiescer au maintien d'une pratique qui
« avait le caractère d'une *insulte* à toute nation
« civilisée (1). »

D'autre part dans le cours des années 1856
et 1857, l'ambassade britannique avait plus
d'une fois intercédé officiellement en faveur de
musulmans convertis ou en voie de conversion,
que les autorités locales poursuivaient comme
criminels et de longues correspondances diplomatiques avaient été échangées sur ce point
délicat d'immixtion étrangère (2).

Après le traité de Berlin, l'on se crut tenu à
moins de ménagements et l'Europe fut témoin
d'un incident qui rappelait à certains égards l'a-
venture dont le prince Mentchikof fut le héros en
1853. Vers la fin de l'année 1879, la police turque
mit en état d'arrestation un mollah qui avait
assisté un missionnaire anglican dans la tra-
duction d'ouvrages chrétiens hostiles à la foi

---

(1) Dépêches de l'ambassade britannique des 4, 18, 26 février, 5 mars, 25 avril, 30 mai 1856.

(2) Dépêches de la même ambassade des 23 septembre
1856, 26 novembre 1857, 14 août 1860, etc.

mahométane. Aux yeux des Islamites, l'on ne pouvait imaginer un acte plus coupable, plus odieux que celui d'un ministre de la religion nationale prêtant son concours personnel à une œuvre de propagande dirigée contre cette religion ; aussi Ahmet Tewfik Effendi fut-il condamné comme convaincu d'un crime prévu par la législation du pays.

L'ambassadeur d'Angleterre dont s'était réclamé en cette circonstance l'agent de la *Church missionary society* de Londres, ne se contenta pas de prendre fait et cause pour son ressortissant qui avait été lui-même recherché et saisi ; il exigea de la Porte l'élargissement immédiat de l'uléma, ainsi que son immunité de toute peine, en invoquant « la liberté de conscience que les sultans ont promis à leurs sujets et la liberté religieuse inscrite en l'article 62 du traité de Berlin (1). » L'ultimatum de sir H. Layard fut appuyé avec succès par les représentants de l'Allemagne, de l'Autriche-Hongrie et de l'Italie.

Il n'était guère possible de constater plus

____

(1) Note de sir H. Layard à la Porte en date du 24 décembre 1879.

nettement qu'à l'abdication judiciaire, consé
quence des premières capitulations, avait succédé
en Turquie une seconde et non moins grave abdication, celle de l'autonomie absolue en matière religieuse.

IV.

Lorsqu'en 1854, la France et l'Angleterre intervinrent dans le différend qui avait pour objet la reconnaissance officielle par le sultan de la domination spirituelle exercée jusqu'alors par la Russie dans ses États, le protectorat extérieur dont bénéficiait *de facto* la classe des raïas, ne se manifestait point encore d'une manière ostensible et suivie dans l'ordre des intérêts étrangers à l'intérêt religieux. Il prit ouvertement cette extension et devint une tutelle collective essentiellement politique à la suite du traité européen qui, en 1856, rétablit la paix entre la Turquie et son ennemi traditionnel.

J'ai indiqué le point de départ de cette ère nouvelle dans les relations régulières de la Porte avec les grandes puissances, en citant un extrait de la note remise au Divan par l'ambassadeur d'Angleterre en cette même année 1856. Dans ce document mémorable qui révélait, à ne s'y point méprendre, l'autorité et l'assurance d'un diplomate toujours écouté, lord Strattford de Redcliffe faisait ressortir la nécessité de consacrer par une même charte, « de ranger dans le même cadre » les privilèges religieux des chrétiens *et les réformes administratives* qui devaient relever leur condition sociale et politique et il ébauchait sur cette base, d'accord avec la France, le programme du Hatti-Humayoun qu'à un mois d'intervalle la Porte communiquait officiellement au congrès de Paris.

Or, quelle était, au point de vue international, la valeur de cet acte souverain et quels droits conférait-il aux puissances qui en avaient provoqué l'octroi? Question capitale dont il me tarde d'aborder l'examen.

Dès l'année 1855, la Turquie s'était vivement défendue contre la prétention de ses alliés de placer les privilèges des chrétiens ottomans sous la garantie d'une stipulation européenne. Selon les propres déclarations d'Ali Pacha (1), une telle immixtion aurait compromis la dignité du gouvernement impérial en mettant en doute sa franchise et sa bonne foi, en associant une volonté étrangère à celle du Sultan dans l'exercice de ses prérogatives les plus incontestables, en affaiblissant aux yeux des populations ce

______

(1) Mémorandum du mois de mai 1855.

prestige et cette intégrité de commandement si essentiels à l'unité et à la force de toute autorité administrative.

Les puissances jugèrent à propos de tenir compte de ces représentations sans renoncer toutefois d'une manière absolue aux sécurités que visaient leurs premières ouvertures. L'article 9 du traité de Paris fut le résultat de cette transaction. Il est ainsi conçu : « S. M. I. le « Sultan dans sa constante sollicitude pour le « bien-être de ses sujets, ayant octroyé un fir- « man qui, en améliorant leur sort sans dis- « tinction de religion, ni de race, consacre ses « généreuses intentions envers les populations « chrétiennes de son empire et voulant donner « un nouveau témoignage de ses sentiments à « cet égard, a résolu de communiquer aux puis- « sances contractantes le dit firman spontané- « ment émané de sa volonté souveraine.

« Les puissances constatent la haute valeur « de cette communication. Il est bien entendu « qu'elle ne saurait en aucun cas donner *droit* « *aux susdites puissances de s'immiscer,* « *soit collectivement soit séparément dans* « *les rapports de S. M. le Sultan avec ses* « *sujets, ni dans l'administration intérieure* « *de l'empire.* »

Cette disposition, si claire en apparence, renfermait au fond deux propositions contradictoires, car l'on ne pouvait admettre qu'en constatant dans l'instrument principal de leurs conventions la haute portée de la communication ottomane, les membres du congrès aient accompli une formalité vaine et qu'ils n'aient pas réellement entendu donner aux populations chrétiennes un gage positif, une preuve efficace de leur sollicitude dans le présent et dans l'avenir.

D'ailleurs les précédents mêmes de l'article 9, c'est-à-dire les actes des discussions dont il était issu, donnaient un démenti évident à la formule d'abstention destinée à calmer les susceptibilités de la Porte.

Et en effet, comme l'expliquait lui-même le plénipotentiaire ottoman en présentant le Hatti-Humayoun au congrès (1), l'octroi du firman solennel avait pour but « de réaliser les prévisions » des préliminaires de paix par lesquels l'Autriche, la France et la Grande-Bretagne avaient stipulé, d'accord avec la Turquie, que les immunités politiques et religieuses des raïas

______

(1) Protocole II du 18 février 1856.

seraient dûment assurées (1). Il y avait ainsi connexité intime entre le Hatti-Humayoun et les préliminaires de paix; la nouvelle charte se rattachait directement à un engagement international dont les signataires du traité de Paris étaient autorisés à réclamer l'entière exécution.

Prétendre que par le dernier paragraphe de l'article 9 les puissances ont renoncé au droit d'exiger de la Porte la réalisation et le maintien des réformes convenues en principe dans les préliminaires, c'est-à-dire dans les clauses qui résumaient les points essentiels de leurs conventions définitives, équivaudrait à énoncer cette proposition absurde : vous avez pris vis-à-vis de nous l'engagement solennel d'améliorer le sort des chrétiens auxquels nous prenons le plus vif intérêt; mais à quelque régime qu'il vous convienne de les soumettre dans la suite des temps, nous renonçons d'avance à nous en plaindre et à plus forte raison à user contre vous de moyens coercitifs.

« Les parties contractantes au traité du 31 « mars 1856, disait le duc Decazes en 1876, « n'ont jamais admis que l'article 9, en stipulant

---

« la non intervention dans l'administration de
« l'empire ottoman, leur eût interdit de pré-
« senter leurs observations à la Porte dans le
« cas où le Hatt resterait lettre morte. En fait,
« elles sont maintes fois intervenues, soit pour
« obtenir l'exécution des engagements pris,
« soit pour solliciter de nouvelles concessions.
« Faire l'exposé de ces démarches, *serait re-*
« *faire l'histoire des vingt dernières années*
« *de la Turquie* (1).

De son côté, le *Foreign Office* a constamment
considéré comme *son droit* et comme *son de-*
voir de s'assurer de l'application du Hatti-
Humayoun (2) procédant vis-à-vis de la Porte
par voies de représentations amicales (3), de
remontrances (4) et même de sommations (5)
tout en protestant de son respect pour l'autonomie souveraine du Sultan (6).

Il n'y a pas jusqu'à Ali Pacha lui-même,

---

(1) Dépêche à l'ambassade française de Londres du 4 janvier 1876.

(2) Dépêche à l'ambassade anglaise de Constantinople du
10 janvier 1859, 7 juin 1860, etc.

(3) Dépêche des 28 septembre, 30 novembre 1858.

(4)   —   du 16 juin 1862.

(5)   —   du 29 novembre 1858.

(6)   —   des 29 juillet 1861, 4 septembre 1866.

l'auteur ostensible du Hatt, qui n'ait reconnu lui-même indirectement la légitimité de l'intervention éventuelle des puissances, en disant à lord Clarendon en 1856 « que la Porte était essentiellement intéressée à ne donner à l'étranger aucun sujet de plainte relativement à l'exécution des promesses de son auguste maître (1). »

C'est ainsi que la même stipulation qui semblait garantir l'indépendance du Sultan vis-à-vis de ses sujets, a pu être invoquée par les cabinets qui revendiquaient au contraire pour l'Europe le droit de restreindre cette indépendance en tant qu'elle pouvait porter préjudice aux chrétiens de l'empire.

______

(1) Dépêche du 4 mars 1856. Voir en outre le memorandum de Berlin du 13 mai 1876.

V.

En réalité, depuis 1856 la diplomatie étrangère a pris une part si active et si continue au règlement ou au contrôle des affaires ottomanes qu'un jour l'on dut entendre le grand-visir se plaindre amèrement d'une immixtion systématique, qui privait son gouvernement de toute initiative et de toute autorité (1).

Je n'insisterai pas ici sur les faits notoires d'intervention officielle et collective qui ont suivi le congrès de Paris; ils sont inscrits et suffisamment illustrés dans les protocoles et publications périodiques dont la *question d'Orient* a été l'inévitable objet pendant ces vingt-cinq dernières années. Qu'il se soit agi des rapports du sultan avec les provinces placées sous sa suzeraineté ou que l'autorité turque ait été en cause dans les provinces directement soumises à ses lois, aucun événement de quelque gravité ne s'est produit dans le domaine de la

---

(1) Dépêche à l'ambassade britannique du 25 juin 1859. Récemment le grand conseil des Ulémois a protesté contre l'intervention de l'Europe dans les affaires du pays.

politique intérieure de l'empire qui n'ait mis le Divan aux prises avec les cabinets étrangers. Ceux-ci sont intervenus ou comme co-signataires d'un acte conventionnel ou comme gardiens des principes généraux qui régissent la communauté européenne ou même simplement comme défenseurs des droits de l'humanité.

Je rappellerai en peu de mots qu'en 1858, les puissances garantes ont procédé à la réorganisation de la Moldavie et de la Valachie, jetant les premières bases de l'union roumaine que la Porte repoussait. Cette union rendue plus nécessaire par la double élection hospo.darale de 1859, le suzerain dut l'accepter en 1861 et elle fut définitivement sanctionnée en 1867 par la reconnaissance internationale d'un prince héréditaire (1).

En cette même année 1858, les gouvernements étrangers s'interposèrent dans la lutte qui avait éclaté entre la Turquie et le Monténégro et concoururent de 1858 à 1861 aux négociations qui devaient fixer les frontières des deux États (2).

---

(1) Conférence de Paris de 1858, 1859, 1864, 1867, etc.

(2) *Moniteur français* du 12 mars 1858. Conférence de Constantinople et protocole du 8 novembre 1858, etc.

Vers la même époque les massacres de l'Hedjaz provoquèrent la nomination de commissaires anglais et français et le bombardement de Djeddah.

Des mesures analogues, mais plus énergiques, car elles furent appuyées par un corps d'armée français, mirent fin en 1860 et en 1861 au soulèvement de Syrie (1).

En 1862 et 1863 une commission militaire européenne détermina le périmètre de la citadelle de Belgrade, et quatre ans plus tard les ambassades dictèrent au sultan le firman par lequel il renonçait à l'occupation de cette importante place de guerre, ainsi qu'à celle de quatre autres forteresses de la principauté de Servie (2).

Pendant l'insurrection de la Crète en 1866, la France, l'Angleterre et la Russie se concertèrent pour adopter une ligne de conduite commune. La France, la Russie, la Prusse et l'Italie se prononcèrent tout d'abord pour la non intervention. Néanmoins une note identique plus ou moins comminatoire fut adressée à la Porte par

---

(1) Dépêche de M. Thouvenel à l'ambassade de Londres du 17 juillet 1860. Conférence de Constantinople de juin 1861.

(2) Protocole de Constantinople du 8 septembre 1862. Conférence de Belgrade de février 1863, firman de 1867.

les grandes puissances réunies et ce fut sous leurs auspices que la question crétoise reçut sa solution (1).

Je néglige pour l'instant dans cette rapide énumération, les actes successifs d'intervention européenne qui se rattachent à l'insurrection de la Bosnie, de l'Herzégovine, de la Bulgarie et à la dernière guerre d'Orient (2).

En dehors de ces diverses initiatives que consacrent des traités publics ou des protocoles plus ou moins solennels, initiatives comunes ou individuelles, par lesquelles les grandes puissances de l'Europe ont imposé leurs volontés à la Turquie, soit dans le règlement de ses difficultés sociales et politiques, soit dans l'accomplissement de ses devoirs humanitaires, il n'est aucun intérêt gouvernemental d'ordre intérieur au sujet duquel le Divan n'ait reçu de l'étranger des directions plus ou moins impératives.

Considérons, par exemple sa gestion financière.

---

(1) Dépêche de M. Drouyn de Lhuys du 24 août 1866. — Note identique et collective du 19 mai 1867. — Livres jaunes français de 1867 et de 1868, etc.

(2) Conférences de Berlin des trois cours du Nord ; envoi de la flotte anglaise à Bésika ; conférence de Constantinople, etc.

Déjà en 1857, un an après la paix de Paris, l'Angleterre réclamait un contrôle européen « substantiel » sur les opérations de la Banque ottomane. Sur sa proposition et en entente avec la France, un « Conseil supérieur du Trésor » était institué deux ans plus tard, conseil qui comprenait un délégué français et un délégué britannique et qui avait pour mission de réformer le système financier de l'État. A la suite de nombreux emprunts, fruits de l'épargne étrangère (1) et sous l'empire d'un désordre qui devait amener la banqueroute, les gouvernements intervinrent plus d'une fois en faveur de leurs nationaux (2) et il arriva finalement qu'un congrès discuta et adopta l'idée d'une commission financière européenne qui aurait à examiner les réclamations des porteurs de titre de la dette ottomane et à proposer les moyens les plus efficaces de leur donner satisfaction (3).

L'on pourrait démontrer, si ce développement ne dépassait le cadre d'une simple revue, qu'en aucune branche de son activité administrative,

---

(1) On en compte quatre en moins de dix ans, indépendamment des emprunts locaux.

(2) Dépêches anglaises des 17 janvier et 16 février 1861, etc.

(3) Congrès de Berlin de 1878. Protocole du 18 juillet.

la Turquie n'est plus subordonnée que dans celle de l'économie financière et qu'il n'est peut être pas pour elle de complication plus alarmante au point de vue de son autonomie et de son intégrité que celle qui pourrait autoriser ses créanciers du dehors à mettre la main sur ses revenus (1).

Dirai-je d'ailleurs, pour montrer jusqu'où peut aller la surveillance exercée sur le Turc en sa qualité de débiteur que l'on a vu des ambassades gourmander le grand-vizir au sujet des dépenses faites par le Sultan pour le mariage de ses filles, pour la construction de ses palais et même pour ses voyages à l'étranger (2).

Que de remontrances officielles adressées à la Porte sur l'administration de la justice, que de changements introduits dans l'organisation de ses tribunaux, que de sentences reformées sous le coup de réclamations diplomatiques! Les recueils parlementaires anglais et français fournissent de trop nombreux documents sur ce point spécial pour qu'il soit nécessaire de les citer (3).

----

(1) L'on sait qu'il existe déjà en Egypte une commission internationale de liquidation.

(2) Dépêches anglaises des 14 mai 1857, 16 août 1859, 19 mai 1863.

(3) Voir notamment les instructions publiées dans les blue-books de 1856 à 1875.

Comme caractéristique de la dépendance judiciaire de la Porte, je noterai simplement ici que les tribunaux musulmans sont même recherchés dans l'exercice de leurs attributions régulières. En parlant ailleurs des capitulations (1), je relevais, qu'en matière criminelle, les consuls intervenaient parfois, de l'aveu des autorités locales, dans le jugement de certains faits dont la connaissance leur était interdite. Un incident analogue qui a vivement préoccupé l'opinion publique, s'est produit dans ces derniers temps à Constantinople. En mars 1880, les ambassades ont soumis au Divan un *pro memoria* où elles protestaient contre la peine insuffisante que l'on supposait avoir été prononcée par un tribunal turc contre un sujet musulman convaincu d'assassinat sur un sujet étranger (2). La Porte,

---

(1) Voir la *Revue de droit international*, t. XI, 1879, n^{os} V et VI.

(2) Affaire du bosniaque Veli Mehemet. — L'agent diplomatique de Russie a même écrit au président de la cour martiale ottomane : « J'espère que V. Ex. considérant que cette affaire a trop duré, *voudra bien la terminer dans la journée de demain*, » sommation à laquelle un membre de la cour, Hobart Pacha, a répondu en protestant publiquement contre une ingérence *inouïe* par laquelle un diplomate étranger entendait « dicter ses volontés dans un cas de vie et de mort et déterminer les conditions et le délai de la sentence du tribunal. »

il est vrai, objecta que la cause était de son ressort exclusif : mais elle n'en admit pas moins la coopération étrangère en associant à son enquête les divers médecins des missions diplomatiques.

Le personnel gouvernemental n'est pas même à l'abri des influences extérieures, qu'il s'agisse des hauts fonctionnaires de la capitale ou des agents provinciaux. Que de nominations, mais surtout que de destitutions provoquées par les ambassadeurs ou par les consuls !

C'est l'Angleterre surtout, il faut bien le dire, qui a témoigné sous ce rapport d'un zèle si persévérant qu'à une certaine époque, (on pourrait l'indiquer) et dans de certaines situations, un dépositaire de l'autorité exécutive devait rechercher son agrément et obtenir en quelque sorte son investiture.

Est-il réellement un service public qui soit absolument soustrait à l'ingérence étrangère ? N'est-on pas autorisé à se le demander quand dans des administrations secondaires, telles que celles de la santé, des postes, des travaux publics, l'on rencontre des agents européens munis d'une commission officielle de leurs gouvernements ?

En fait, pendant les vingt années qui ont précédé la dernière guerre d'Orient, les grandes puissances ont agi vis-à-vis de la Turquie, comme si elles avaient pris entre elles l'engagement auquel la Russie devait plus tard les convier, pour assurer dans les États du Sultan un contrôle européen durable et efficace (1).

____

(1) Congrès de Berlin de 1878. Protocoles 15, 16, 18.

VI.

Il n'en existait pas moins depuis le traité de 1856 un texte formel qui interdisait aux puissances garantes de s'immiscer dans les rapports du Sultan avec ses sujets et dans l'administration intérieure de l'Empire, et la Porte ne s'était pas fait faute de l'invoquer selon l'occurrence contre les entreprises étrangères (1).

Cette ressource, il est vrai, ne lui avait point servi dans les grandes épreuves ; mais, elle faisait partie de l'arsenal des moyens que le Divan mettait en jeu pour diviser, à l'occasion ses conseillers ordinaires. Le Sultan dut rendre un jour, si inoffensive qu'elle fut restée, l'arme que le congrès de Paris avait laissée entre ses mains ; le 31 mars 1877, la conférence de Londres consigna, dans un protocole, la déclaration suivante :

« Les parties contractantes se proposent de

---

(1) Notamment lors de l'insurrection crétoise en 1867. Le gouvernement turc rappela l'argument par lequel la Russie avait repoussé, en 1863, l'intervention occidentale dans les affaires de Pologne.

« veiller par l'intermédiaire de leurs représen-
« tants à Constantinople et de leurs agents lo-
« caux à la façon dont les *promesses* du gouver-
« nement turc seront exécutées. Si leur espoir se
« trouvait encore déçu, un tel état de choses
« serait considéré par elles comme incompatible
« avec leurs intérêts et ceux de l'Europe en gé-
« néral. En pareil cas, elles aviseraient en com-
« mun aux moyens qu'elles jugeraient les plus
« propres à assurer le bien-être des populations
« chrétiennes et les intérêts de la paix géné-
« rale. »

Non-seulement ces énonciations annulaient
la restriction du second paragraphe de l'art. 9
de 1856; mais elles lui substituaient un principe absolument contraire, en faisant de l'intervention une règle commune dont auraient à
s'inspirer désormais les missions politiques et
consulaires d'Orient et en représentant la condition intérieure de la Turquie comme étant d'intérêt européen (1).

---

(1) Il est vrai qu'en opposant sa signature au bas du protocole du 31 mars 1877, le plénipotentiaire anglais, pénétré
de la gravité de la résolution, a déclaré que cet acte serait
nul et non avenu aux yeux de son gouvernement, s'il n'a-
vait point pour effet de prévenir la guerre entre la Russie
et la Turquie. De son côté le plénipotentiaire d'Italie a fait

Est-il nécessaire de relever que « les *promesses* » dont les puissances entendaient ainsi surveiller et au besoin exiger l'accomplissement se résumaient dans un programme de réformes que la Porte leur avait officiellement communiqué en 1875 (1), programme qui n'était en majeure partie qu'une réédition du Hatti–Humayoun de 1856.

Or l'iradé de 1875 et le Hatti-Humayoun de 1856 constituaient de véritables chartes définissant les droits politiques, civils et religieux de tous les sujets ottomans, sans distinction de races ni de cultes, et dès lors aucune branche

---

dépendre la validité du protocole du maintien de l'accord entre les puissances réunies.

En tout état de cause, le protocole restait obligatoire pour les autres parties contractantes. La guerre une fois engagée, il n'a plus lié l'Angleterre et l'Italie, en tant qu'il contenait l'engagement formel de concourir à des mesures coercitives ; mais, il n'en est pas moins constant que ces deux puissances ont reconnu, avec les autres, que la condition intérieure de la Turquie affectait les intérêts de tous et que dès lors l'Europe avait le droit de se prémunir éventuellement contre les dangers qui pourraient en résulter pour la paix générale. Elles formulaient ainsi une opinion absolue, indépendante de l'état de guerre et dont on devait logiquement déduire que la Turquie ne pouvait traiter les populations chrétiennes à sa guise et que les gouvernements étrangers étaient autorisés, le cas échéant, « à intervenir « dans les rapports du Sultan avec ses sujets. »

(1) Voir à ce sujet le memorandum de Berlin du 13 mai 1876.

de l'administration turque ne devait échapper au contrôle étranger (1).

Le congrès de 1878 dont la Turquie avait salué la réunion comme une sorte de délivrance, resserra encore son autonomie dans un étau plus étroit en mettant de nouvelles bornes à cette « *indépendance relative* » dont se préoccupait particulièrement le plénipotentiaire britannique (2). Telles sont à cet égard les principales décisions de l'assemblée de Berlin :

Comme je le rappelais au commencement de cette étude, l'autorité constituante est l'attribut essentiel de tout État souverain. C'est en l'exerçant dans la plénitude de sa liberté qu'un État pose les principes de son existence et crée les organes de sa vie (3). Or par le traité de Berlin, la Porte a dû renoncer au droit *de s'organiser elle-même* dans la presque totalité de ses provinces européennes. Elle y a renoncé pour la

---

(1) En parlant de l'Iradé de 1875, le duc Decazes écrivait le 10 janvier 1876 : jamais aucune charte n'était entrée aussi complètement dans le vif des souffrances inhérentes à l'état administratif et à la constitution ethnographique de l'Empire ottoman.

(2) Expression employée par lord Salisbury dans la seconde séance du congrès de Berlin.

(3) *Droit international codifié* de BLUNTSCHLI, art. 69.

partie de ses possessions sises au nord des Balkans, c'est-à-dire pour la Bulgarie qui, sans cesser de figurer sur la carte de son territoire, est investie du droit d'établir son pacte constitutionnel et de gérer seule ses propres affaires.

Elle y a renoncé provisoirement pour la Bosnie et pour l'Herzégovine qui, maintenues sous son autorité nominale, doivent être régies et administrées par l'Autriche-Hongrie.

Elle y a renoncé dans la Roumélie orientale qui a été dotée d'une constitution particulière par une commission internationale.

Elle y a renoncé dans une certaine mesure pour la Crète et pour toutes ses autres provinces européennes, ayant formellement consenti à ce que les règlements organiques applicables à ces diverses contrées, fussent préalablement soumis à l'examen de la commission de Roumélie (1).

Et même en ce qui concerne les provinces asiatiques ou du moins celles habitées par les Arméniens, elle doit non-seulement s'entendre avec l'Angleterre pour réformer leurs institu-

____

(1) Cette commission se réunira prochainement à Constantinople.

tions; elle est encore tenue de donner périodi-
quement connaissance aux grands cabinets des
mesures qu'elle aura prises dans ce but (1).

J'ajouterai que le gouvernement turc n'est
plus libre dans le choix des chefs appelés à
gouverner la Bulgarie et la Roumélie orientale,
ni même dans l'occupation militaire de cette
dernière province, boulevard de sa propre capitale (2).

Je voudrais clôre ici l'exposé méthodique des
faits par lesquels j'ai cherché à expliquer le
titre et à justifier le but pratique de cet essai.
L'on se rend sans doute suffisamment compte
de l'application exceptionnelle qu'a reçue en
Turquie ce *droit d'intervention*, au sujet duquel il est d'ailleurs impossible de formuler un
ensemble complet de règles précises et inva-
riables.

Qu'il me soit cependant permis de citer un
dernier et curieux exemple de ce que l'on pourrait appeler la collaboration étrangère dans
l'empire Ottoman.

---

(1) Une récente circulaire anglaise invite les puissances
à rappeler à la Turquie ses engagements.
(2) Art. 3, 16, 17 du traité de Berlin.

VII.

Au milieu des nombreuses commissions mixtes qui se sont succédé en Orient depuis un quart de siècle et dont les utiles travaux n'ont pas toujours eu la notoriété qu'ils méritaient, la commission européenne du Danube, devenue pour ainsi dire permanente, occupe une place privilégiée dans l'histoire des relations internationales.

Aux conférences de Vienne de 1855, lorsque les délibérations furent portées sur le second point des préliminaires de paix, le plénipotentiaire d'Autriche suggéra plusieurs dispositions destinées à garantir d'une manière efficace la liberté de la navigation du Danube. Selon lui, la future commission mixte, appelée à exercer son action dans le delta et aux embouchures, devait fonctionner en *syndicat européen*, terme inusité alors dans le langage diplomatique et qui, aux yeux du plénipotentiaire russe, impliquait certains droits de *souveraineté*. En outre, le delta devait être *neutralisé*, et la Russie, alors maîtresse des bouches du fleuve, n'aurait conservé que la juridiction sur ses propres sujets. A défaut de cette importante restriction, les commissaires danubiens auraient joui, dans l'acception la plus large, des bénéfices de l'*exterritorialité*.

Au congrès de Paris de 1856, et par suite de circonstances que je n'ai point à relater en ce moment, ce programme ne fut point adopté dans son intégrité; mais plus tard, sous l'empire de nécessités locales d'un caractère plus ou moins urgent (la Turquie avait été mise en possession des embouchures), les gouvernements furent successivement amenés à reconnaître à leurs délégués sur le bas Danube (1) la plupart des immunités et des attributions extraordinaires qui, dans le principe, devaient sauvegarder leur indépendance vis-à-vis de la Russie.

Il est résulté de cette entente sur le terrain pratique une situation exceptionnelle, unique

----

(1) Ces délégués étaient alors pour l'Autriche, M. Becke; pour la France, M. Ed. Engelhardt; pour la Grande-Bretagne, M. Stokes ; pour la Prusse, M. Bitter; pour la Russie, M. d'Offenberg ; pour la Sardaigne, M. d'Aste; pour la Turquie, Omer Pacha. Ils s'étaient adjoints comme secrétaire-général M. Ed. Molher et comme ingénieur en chef M. Hartley.

même, qu'il n'est pas sans intérêt de noter ici (1).

D'après les actes du congrès de Vienne de 1815, les commissions préposées aux fleuves dits « conventionnels », se composent exclusivement de mandataires des États riverains. Purement délibératives, elles ont à discuter et à recommander toutes mesures dictées par les besoins de la navigation commune. Elles ne peuvent promulguer directement ni lois ni ordonnances (2).

Or, la commission européenne du Danube, qui comprend plusieurs agents non riverains, est à la fois délibérative et exécutive. Comme corps délibérant, il n'est aucune question touchant la marine marchande sur le fleuve dont l'examen lui soit interdit. Elle élabore les règlements de police et de navigation, les tarifs et les plans des ouvrages hydrauliques dont elle reconnaît l'opportunité. Une fois votés, ces projets deviennent obligatoires, et la publication en est faite par la commission elle-même.

---

(1) Voir dans la *Revue des Deux-Mondes* du 1er juillet 1870, études sur les embouchures du Danube.

(2) V. *Régime conventionel des fleuves internationaux*, par ED. ENGELHARDT, chap. X, (Paris, Cotillon et Cᵉ, 1879).

Comme autorité exécutive, ses commettants lui ont attribué une partie des droits d'une administration souveraine, en lui confiant l'application de ses propres règlements, de ses tarifs et de ses plans d'amélioration fluviale. A cet effet, elle a sous ses ordres un personnel nombreux de spécialités diverses, auquel elle confère un caractère public et qui prête serment entre ses mains.

Elle est assistée par des bâtiments de guerre stationnés aux embouchures.

La commission européenne du Danube participe même aux fonctions des trois pouvoirs qui représentent un État. Non seulement elle prépare et promulgue en son nom les lois qui régissent dans son ressort les marines de toutes les nations, et dont elle surveille l'exécution par ses propres agents; mais elle poursuit encore les infractions commises à ces lois Elle a, en effet, comme tribunal supérieur, le droit d'annuler, de réformer ou de confirmer les sentences prononcées au nom du Sultan par l'inspecteur du bas Danube et par le capitaine du port de Soulina (1). Ses arrêts sont définitifs,

---

(1) Par un projet d'acte additionnel annexé au protocole

et la France a admis en principe qu'ils pourraient être valables en pays étranger.

A d'autres égards, la commission agit en gouvernement autonome. Elle traite parfois sans
intermédiaires avec les États voisins. Un *arrangement* direct est intervenu entre elle et la
Turquie pour régler ses rapports ave les autorités locales. Elle a passé des conventions télégraphiques et de police fluviale avec l'administration roumaine. Elle a ses revenus et même
ses emprunts publics. Elle possède de vastes terrains, des établissements de diverse nature, des
bateaux à vapeur portant un pavillon spécial
reconnu par la plupart de puissances maritimes.
Elle est réellement un État dans l'État et c'est,
on peut l'affimer, grâce à ce privilège sans précédent, qu'elle a réussi à accomplir une grande
et féconde tâche.

Ainsi, et c'est à ce titre que j'ai cru devoir annexer ce chapitre à la courte histoire des interventions que le Divan a successivement « provoquées, tolérées, ou subies », la Turquie réintégrée par l'Europe dans son ancien territoire

---

341 du 24 novembre 1879, les jugements de l'inspecteur du
bas Danube et du capitaine du port de Soulina doivent être
rendus au nom de la Commission européenne.

danubien, a dû abandonner à l'Europe le soin d'y entreprendre et d'y poursuivre une œuvre technique, administrative et financière dont elle était jugée incapable de coordonner le plan, de prévoir et de surmonter les difficultés.

En somme, et ce sont de simples faits que j'ai rapportés, la Porte ottomane se trouve vis-à-vis des puissances continentales dans la situation subordonnée contre laquelle la France et l'Angleterre avaient cherché à la prémunir en 1876, lors des négociations des trois cours du Nord relatives à la pacification de l'Herzégovine. C'est-à-dire « qu'elle est en tutelle (1) » et que « la surveillance journalière dont elle est l'ob- « jet dans ses affaires intérieures, a réduit à « peu près à néant son autorité souveraine (2). »

La Turquie s'est affaissée au contact de la civilisation occidentale.

Un enseignement se dégage de lui-même de cette trop évidente conclusion et l'on pourrait l'énoncer avec la certitude que donne une longue et invariable expérience. Cependant avant de formuler un jugement, quel qu'il soit, sur le

---

(1) Dépêche du duc Decazes du 10 janvier 1876.

(2) Dépêches de lord Derby des 14 juillet et 27 septembre 1879.

sort de l'empire dont l'existence intéresse à un si haut degré l'équilibre européen, il est bon de se rendre compte dans son ensemble du travail de rénovation par lequel il s'est efforcé, depuis un demi-siècle, de prendre place dans la famille des États civilisés.

Tel sera le sujet d'une troisième et plus longue étude qui aura pour titre : *Histoire des réformes dans l'empire ottoman.*

Paris, en mai 1880.

Depuis que ces pages ont été écrites, une conférence s'est réunie à Berlin pour procéder par voie de médiation à la rectification de la frontière turco-hellénique.

Un tracé a été déterminé dans ce but et les missions accréditées à Constantinople ont été chargées d'en recommander l'adoption à la Sublime-Porte.

L'on connaît la note responsive du ministre des affaires étrangères du Sultan : pleine « de déférence pour les hautes puissances amies, » elle signale « à leur équitable appréciation la « position aussi perplexe que pénible » qui résulte pour le gouvernement ottoman de leur commune résolution et elle exprime l'espoir qu'une entente nouvelle lui permettra de conserver au moins certaines localités dont on l'invite à faire l'abandon.

En 1826, dans des conjonctures analogues, l'ambassadeur d'une grande puissance représentait avec insistance au Divan la nécessité de concessions destinées à mettre fin à l'insurrection hellénique. Ses notes restaient sans réponses et comme il se plaignait de ce silence hautain : « Vos démarches, lui fit savoir le Sadrazam, sont une inconséquence, nous n'avons

« rien à vous dire ; tout ce qui touche nos affai-
« res intérieures ne concerne que nous. »

Ce rapprochement servit d'épilogue à l'histoire des interventions orientales.

Paris, en juillet 1880.